上海市交通运输行业协会团体标准

上海市域铁路噪声与振动控制技术标准(试行)

Technical Standard for Noise and Environment Vibration Control of Shanghai Suburban Railway(Trial Implementation)

T/SHJX 0015—2020

主编单位:中铁上海设计院集团有限公司
批准部门:上海市交通运输行业协会
施行日期:2021 年 4 月 1 日

同济大学出版社

2022　上海

图书在版编目(CIP)数据

上海市域铁路噪声与振动控制技术标准:试行/中铁上海设计院集团有限公司主编. —上海:同济大学出版社,2022.6

ISBN 978-7-5765-0176-6

Ⅰ. ①上… Ⅱ. ①中… Ⅲ. ①城市铁路—铁路车辆—列车—噪声控制—技术标准—上海②城市铁路—铁路车辆—列车振动—振动控制—技术标准—上海 Ⅳ. ①U270.1-65②U260.1-65

中国版本图书馆 CIP 数据核字(2022)第 041007 号

上海市域铁路噪声与振动控制技术标准(试行)

中铁上海设计院集团有限公司 **主编**

责任编辑 朱 勇
责任校对 徐春莲
封面设计 陈益平

出版发行 同济大学出版社 www.tongjipress.com.cn
(地址:上海市四平路 1239 号 邮编: 200092 电话:021－65985622)
经　　销 全国各地新华书店
印　　刷 江苏凤凰数码印务有限公司
开　　本 889mm×1194mm 1/32
印　　张 2
字　　数 54 000
版　　次 2022 年 6 月第 1 版 2022 年 6 月第 1 次印刷
书　　号 ISBN 978-7-5765-0176-6
定　　价 25.00 元

上海市交通运输行业协会

沪交协(2020)第143号

上海市交通运输行业协会
关于发布《上海市域铁路岩土工程勘察规范(试行)》等
4项团体标准的通知

经上海市交通运输行业协会第七届第三十九次秘书长办公会议批准,以下4项团体标准予以发布。

一、《上海市域铁路岩土工程勘察规范(试行)》(发布编号:T/SHJX 0014—2020);

二、《上海市域铁路噪声与振动控制技术标准(试行)》(发布编号:T/SHJX 0015—2020);

三、《上海市域铁路水文地质勘察规范(试行)》(发布编号:T/SHJX 0016—2020);

四、《上海市域铁路车辆基地设计标准(试行)》(发布编号:T/SHJX 0017—2020);

特此予以发布。

上海市交通运输行业协会

2020年12月25日

前　言

根据上海市交通运输行业协会市域铁路分会《关于发布〈2019上海市域铁路建设类技术标准编写计划(一)〉的通知》[沪交协域铁(2019)第3号]的要求,由中铁上海设计院集团有限公司会同有关单位组成编制组,经广泛调查研究,借鉴国内高速铁路、城际铁路和城市轨道交通的噪声与振动控制实践经验,参考了上海、国家和铁路行业等相关标准,并在广泛征求意见的基础上,编制了本标准。

本标准的主要内容有:总则、术语和符号、基本规定、噪声控制工程设计、振动控制工程设计、施工、验收、运行与维护。

本标准由上海市交通运输行业协会负责管理,中铁上海设计院集团有限公司负责具体技术内容的解释。希望各单位及相关人员在执行本标准的过程中,结合工程实践和科学研究,总结经验。如有意见和建议,请反馈至中铁上海设计院集团有限公司(地址:上海市共和新路1265号;邮编:200070;电话:021-66825920;E-mail:huanjinpinjia@163.com),以供今后修订时参考。

授权委托单位:上海市交通运输行业协会市域铁路分会

主 编 单 位:中铁上海设计院集团有限公司

参 编 单 位:上海市隧道工程轨道交通设计研究院
南方中金环境股份有限公司
安境迩(上海)科技有限公司

主要编制人:宋广林　卜　聃　祝　平　杨传国　曾向荣

参与编制人:王　晨　陈　捷　万　雯　王飞翔　陆　云

潘湘文　王法武　陈　杰　朱中意　焦丽莉

王宝奇　陶彬义　许来慧　周丽艳　初　强

主 要 审 查 人:陈茂华　周裕德　忻铁朕　李　涛　吴天行

毛东兴　王忠合　潘茂盛　朱　妍

目　次

1 总 则

1.0.1 为指导上海市域铁路建设项目噪声与振动控制技术工作，减缓市域铁路运行对环境敏感目标的噪声和振动影响，特制定本标准。

1.0.2 本标准适用于上海市域铁路建设项目环境噪声与振动控制工程；规定了环境噪声与振动控制工程在设计、施工、验收和运行维护等各阶段的技术要求与方法。

1.0.3 市域铁路噪声与振动控制除应符合本标准外，尚应符合国家、行业和本市现行有关标准的规定。

2 术语和符号

2.1 术 语

2.1.1 市域铁路 suburban railway

为城市中心城区连接周边城镇组团及其城镇组团之间提供公交化、大运量、快速便捷的轨道交通系统，是城市综合交通体系的重要组成部分。

2.1.2 噪声源强 noise source intensity

即噪声污染源的强度，反映噪声源声辐射强度（含频谱）和特征的指标。噪声源强现场实测类比应参照现行行业标准《环境影响评价技术导则 城市轨道交通》HJ 453 中的相关规定。

2.1.3 振动源强 vibration source intensity

即振动污染源的强度，反映振动源强度的加速度、速度及频谱等特征指标（含频谱）。振动源强现场实测类比应参照现行行业标准《环境影响评价技术导则 城市轨道交通》HJ 453 中的相关规定。

2.1.4 二次结构辐射噪声 secondary structure-borne noise in buildings

市域铁路运行引起环境敏感建筑物结构振动并向周围空气介质辐射噪声，评价指标为 16 Hz～200 Hz 频率范围内的等效A 声级。

2.1.5 振动与噪声敏感建筑物 sensitive building of vibration and noise

指医疗、学校、机关、科研单位、住宅等需要保持安静的建筑物。

2.1.6 等效连续 A 声级 equivalent continuous A-weighted sound pressure level

在规定测量时间 T 内 A 声级的能量平均值，用 $L_{\mathrm{Aeq,T}}$ 表示（简写为 L_{eq}），单位为 dB(A)。

根据定义，等效声级表示为

$$L_{\mathrm{eq}}=10\lg\left(\frac{1}{T}\int_{0}^{T}10^{0.1L_{\mathrm{A}}}\mathrm{d}t\right) \tag{2.1.6}$$

式中：L_{A}——t 时刻的瞬时 A 声级；

T——规定的测量时间段。

2.1.7 Z 振级 Z-vibration level

按 ISO 2631/1—1985 规定的全身振动 Z 计权因子修正后得到的振动加速度级，记为 VL_{z}，单位为 dB。

2.1.8 声屏障 sound barriers

一种专门设计的立于噪声源和受声点之间的声学障板，通常是针对某一特定声源和特定保护对象设计的。

2.1.9 声屏障插入损失 insertion loss of noise barriers

在保持噪声源、地形、地貌和气象条件不变的情况下，安装声屏障前后在某特定位置上的声级差。声屏障的插入损失，要注明频带宽度、频率计权和时间计权特性。

2.1.10 隔声窗 sound insulation window

一种用于阻隔室外噪声向室内传播的建筑用窗。

2.1.11 减振扣件 damping fastener

通过特殊设计降低扣件组装刚度，从而降低轮轨力，以减少轮轨振动的扣件。减振扣件的主要结构类型分为压缩型减振扣件和剪切型减振扣件，也可分为分体式减振扣件和硫化粘接一体式减振扣件。

2.1.12 减振轨枕 vibration isolation sleeper

在轨枕底部设置隔振弹性层，使轨枕与弹性层组成质量、弹簧和阻尼系统，以减少轨道通过下部基础向周围传递振动的轨枕。减振轨枕的主要类型包括纵向梁式构造的梯形轨枕、点式构造的弹性短枕及横向构造的弹性长枕等。

2.1.13 减振道床 vibration isolation track

在预制或现浇钢筋混凝土道床与下部基础之间设置隔振元件，使道床与隔振元件组成质量、弹簧和阻尼系统，以减少轨道通过下部基础向周围传递振动的道床结构。减振道床的主要类型包括采用点式布置弹簧隔振器、满铺式减振垫的浮置板等。

2.1.14 设计使用年限 design service life

设计规定的结构或结构构件不需进行大修即可按预定目的使用的年限。

2.1.15 限界 gauge

限定车辆运行与轨道周围构筑物超越的轮廓线。限界分车辆限界、设备限界和建筑限界三种，是工程建设、管线和设备安装位置等必须遵守的依据。

2.2 符 号

L_{Aeq}——等效 A 声压级；

VL_{z}——铅垂向 Z 振级。

3 基本规定

3.0.1 市域铁路规划设计应充分考虑沿线土地利用规划、综合交通规划条件，合理控制线路与敏感建筑物的距离。线路经过或穿越现状噪声与振动敏感建筑物集中区段时，宜采用地下敷设方式，并增加埋深，优化列车运营速度；穿越规划敏感建筑物集中区段时，宜预留采取减振降噪措施的条件。

3.0.2 噪声与振动控制措施应以保证市域铁路运营安全为首要前提。按照“源—传播途径—敏感建筑物”的顺序选择控制措施，科学、合理、因地制宜地进行减振降噪控制。

3.0.3 市域铁路系统应选用产生噪声与振动小的车辆、桥梁、隧道及轨道结构。

3.0.4 噪声控制措施应使受市域铁路运营噪声影响的敏感建筑物满足现行国家标准《声环境质量标准》GB 3096 的要求。在技术条件不能满足现行国家标准《声环境质量标准》GB 3096 要求时，应保证室内声环境符合现行国家标准《民用建筑隔声设计规范》GB 50118 的要求。当背景噪声已超过现行国家标准《声环境质量标准》GB 3096 要求时，宜控制环境噪声增量低于 1 dB(A)。

3.0.5 环境噪声与振动控制工程设计时，应综合考虑运行安全、次生影响、经济成本、使用寿命、养护维修、更换方便等因素。

3.0.6 环境噪声与振动控制工程施工时，应符合国家及上海市的安全文明施工等管理规定要求，应防止产生二次污染。工程施工过程中产生的振动与噪声应满足现行国家标准《建筑施工场界环境噪声排放标准》GB 12523 的要求。

3.0.7 鼓励采用噪声与振动控制新技术、新工艺、新产品、新材料，但应经过充分的研究论证、示范工程检验和技术评估鉴定后方可在工程中推广应用。

3.0.8 环境噪声与振动控制工程应符合建设项目环境影响报告及其相关文件的要求，与主体工程同时设计、同时施工、同时投产使用。

3.0.9 噪声与振动控制设施应定期维护和保养，并应定期对结构的安全进行检查和检测。

3.0.10 环境噪声与振动控制工程的设计、施工、验收、运行与维护除符合本标准规定外，还应符合国家、行业、地方等有关法律、法规、标准和规范的要求。

4 噪声控制工程设计

4.1 一般规定

4.1.1 市域铁路噪声控制措施设计降噪量，应结合噪声超标量及线路周边背景噪声确定。声屏障应根据插入损失设计目标值选择直立式、折弯式、半封闭、全封闭等形式，长度应有效覆盖敏感目标分布范围。

4.1.2 市域铁路鼓励采用低噪声型车辆。由市域铁路地上线引起的噪声超标区域，应优先采用声屏障等传播途径控制措施。

4.1.3 市域铁路的地面附属设备、设施引起的噪声污染，宜优先采用低噪声设备、设施，或采用隔声、吸声、消声等措施降低噪声源强。采取措施后，敏感建筑物声环境仍无法满足现行国家标准《声环境质量标准》GB 3096 规定的，应采取隔声窗等建筑防护措施。

4.2 声屏障工程设计

4.2.1 声屏障应靠近声源设置，符合市域铁路的限界要求。

4.2.2 声屏障的设置位置、长度、高度、形式应参照建设项目环评要求及现场条件确定。声学设计应符合现行行业标准《声屏障声学设计和测量规范》HJ/T 90 的规定。

4.2.3 声屏障高度应根据声源、声屏障、敏感建筑物三者之间的相对距离和高差，经声学计算确定。临近高层敏感建筑的路段设置声屏障，宜采用半封闭、全封闭形式。临近多层敏感建筑的路段设置声屏障，宜采用直立式、折弯式等形式。声屏障结构形式宜采用插板式。

4.2.4 声屏障长度应大于其保护对象沿轨道方向的长度。两端的附加长度应使其对敏感建筑物具有与声屏障设计插入损失相匹配的声衰减,其确定按照下式计算;如不足 40 m,按 50 m 长度设计。

$$b = 0.15d\Delta L \tag{4.2.4}$$

式中:b——声屏障单侧附加长度(m);

d——接收点到线路的距离(m);

ΔL——声屏障插入损失(dB)。

4.2.5 声屏障结构应具有抗冲击、防腐、防振和抵抗风、雨、雪、雹等各种自然灾害的能力。

4.2.6 声屏障设计的荷载与组合、结构设计、构造设计、耐久性设计应符合现行国家标准《声屏障结构技术标准》GB/T 51335 的相关要求。市域铁路设计速度超过 160 km/h 时,应考虑作用在声屏障上的车致风载荷效应。

4.2.7 声屏障声学构件的计权隔声量不应小于 30 dB(A)。具有吸声性能的声学构件,降噪系数不应小于 0.7。

4.2.8 声屏障声学构件的抗风压性能、抗冲击性能、防火性能、防腐蚀性能、抗疲劳性能和外观技术要求应符合现行行业标准《铁路声屏障声学构件》TB/T 3122 的相关要求。

4.2.9 声屏障屏体使用年限不应小于 25 年。立柱使用年限不应小于 50 年。紧固件应有防腐措施,防腐年限不应小于 15 年。化学锚栓使用年限不应小于 25 年。

4.2.10 声屏障基础、立柱、屏体结构、附件等所用的材料应符合现行国家标准《声屏障结构技术标准》GB/T 51335 的相关要求。

4.2.11 声屏障结构设计应符合下列规定:

1 声屏障基础应与路基基础协调设计。

2 桥梁声屏障的设计应与桥梁的预埋件相匹配,并符合桥梁专业的定位条件。桥梁声屏障设计应能满足桥内检修的需要。

3 桥梁声屏障伸缩缝应设置在桥梁的接缝处。跨连续梁伸缩缝处的单元板长度应根据连续梁的跨度经计算伸缩量后确定，伸缩缝两侧声屏障单元板端部距 H 型钢腹板中心距离为 $20\ \text{mm}+\Delta L/2$，H 型钢翼板加宽宽度为 $85\ \text{mm}+\Delta L$。ΔL 为梁体伸缩量。

4 声屏障应利用结构钢筋或金属构件形成电气贯通，并与综合接地端子连接。

4.2.12 声屏障附属设施设计符合下列规定：

1 路基声屏障应设排水设施，排水口的设置应避免对路基边坡产生冲刷，并防止漏声。

2 路基声屏障的连续设置长度大于 500 m 时，应根据疏散和检修要求设置安全门，安全门外路基边坡应有安全通行条件。

3 桥梁声屏障的安全门设置位置应与救援疏散通道相结合。

4 安全门应由线路内侧向外开启，并不得影响降噪效果。

4.3 隔声窗工程设计

4.3.1 市域铁路建设或运行造成噪声敏感建筑物室外环境噪声超标的，如采取室外达标的技术措施不可行，应对噪声敏感建筑物采取隔声窗措施，使敏感建筑室内噪声级满足现行国家标准《民用建筑隔声设计规范》GB 50118 的限值规定。

4.3.2 隔声窗隔声性能评价量为 R_w+C_{tr}。隔声量应结合声源降噪和传播途径降噪后的声环境质量和室内允许噪声级确定。

4.3.3 隔声窗的开启方式应选用平开形式；当在中高层、高层及超高层建筑中使用隔声窗时，隔声窗的开启方式应使用内平开形式。

4.3.4 隔声窗各部件应具有良好的耐久性和使用寿命；必要时，宜采用通风隔声窗。

4.3.5 隔声窗的隔声性能分级和检测方法应按照现行国家标准《建筑门窗空气声隔声性能分级及检测方法》GB/T 8485 的规定执行。

5 振动控制工程设计

5.1 一般规定

5.1.1 市域铁路引起的敏感建筑物环境振动应满足现行国家标准《城市区域环境振动标准》GB 10070 的要求。市域铁路引起的敏感建筑物室内二次结构辐射噪声应满足现行上海市地方标准《城市轨道交通(地下段)列车运行引起的住宅室内振动与结构噪声限值及测量方法》DB31/T 470 的要求。

5.1.2 振动控制工程设计应根据环境影响报告的要求,优先通过优化线路平面、合理设置埋深以远离振动敏感目标,其次结合城市规划、敏感目标拆迁或功能置换,采取轨道、车辆减振等综合措施,减少对振动敏感目标的影响。

5.1.3 减振地段、减振等级及减振措施应在环境影响报告的基础上,全面考虑环境敏感目标类型、沿线规划开发、振动控制标准、振动源强及特点、工程条件、技术标准、安全可靠性、稳定性、耐久性、减振效果、可维修更换性及综合经济技术性等诸多因素和技术要求加以合理确定。

5.1.4 轨道减振措施的刚度及阻尼等参数配置应根据线路平面条件、列车运行速度等因素确定,确保钢轨垂横向动态变形满足控制限值要求,并避免钢轨振动加速度及磨耗产生异常。

5.1.5 轨道减振措施应满足疲劳寿命及耐久性要求,主体结构设计使用年限应不低于普通无砟轨道;减振弹性层或隔振元件应在不影响正常运营的前提下方便检查、维修及更换作业,其设计使用年限应不低于 25 年;特殊条件下不得不选用更换困难或无法更换的减振弹性层或隔振元件时，其设计使用年限应不低于主体结构。

5.1.6 对振动敏感的精密仪器实验室、文物保护单位等特殊保护目标，宜进行专项振动控制技术论证。

5.2 轨道减振工程设计

5.2.1 系统设计应符合下列规定：

1 减振轨道的减振等级一般宜划分为中等减振（0 dB≤ΔVL_z<4 dB）、高等减振（4 dB≤ΔVL_z<8 dB）和特殊减振（ΔVL_z≥8 dB）。特殊工程条件及要求时，减振等级宜通过专项技术论证加以确定。

2 减振设防段端部应适当延长，延长长度不宜小于 50 m。

3 同一种减振轨道的连续铺设长度或两段减振轨道之间所夹的普通轨道长度均不应小于 1 倍列车长度。

4 高架线针对桥梁二次结构噪声而设置的减振轨道，一般情况下均应按双线设置考虑，其铺设段起讫点应位于梁端或车站结构两端的变形缝。

5 各种减振轨道结构在不同轨下基础型式的轨道结构高度宜符合表 5.2.1－1 的规定。

表 5.2.1－1 减振轨道的最小轨道结构高度

轨下基础型式	轨道最小结构高度(mm)		
	减振扣件	减振轨枕	减振道床
单线圆形隧道	950	950	950
单线马蹄形隧道	800	800	850
矩形隧道(双线隧道)	600	600	750
高架线无砟轨道	560	560	700
有砟轨道	850	850	—

6 应对各种减振轨道在列车额定荷载作用下的左右股钢轨垂横向动态位移最大平均值进行检算，一般情况下均不应超出表 5.2.1－2 的限值规定。

表 5.2.1－2 减振轨道钢轨垂横向动态位移限值

列车运行速度	垂向(mm)			横向(mm)
	减振扣件	减振轨枕	减振道床	
＜120 km/h	3.0	3.0	4.0	1.5
≥120 km/h	2.0	2.5	2.5	1.5

5.2.2 减振扣件应符合下列规定：

1 减振扣件一般仅限于在列车运行速度＜100 km/h 且 $R \geqslant 2\ 000$ m 曲线段应用；在列车运行速度≥100 km/h 或 $R \leqslant 2\ 000$ m 曲线段应用时，应取得同类工程条件下的成功运营案例作为验证，并经专项技术审查通过。

2 减振扣件应构造简单，结构及零部件可靠、耐用，维修量少。

3 减振扣件宜优先选用硫化粘接一体式压缩型减振扣件。

4 减振扣件的组装动刚度与静刚度之比宜为 1.15～1.30，且轨下弹性垫板宜采用硬度适中、具有一定阻尼特性的优质橡胶类材质。

5 减振扣件的弹性减振层应根据工程条件及运营工况进行受力及变形检算，在正常工作状态下任何构造部位均不应出现应力集中，且列车动态荷载作用下的整体及局部应力及变形率均应满足疲劳寿命期望要求。

6 减振扣件通过 300 万次循环加载疲劳试验后，不得产生零部件破坏，疲劳试验前后静刚度变化率不得超过 10%。疲劳试验荷载为：垂向加载 10 kN～50 kN，横向加载 6 kN～30 kN，加载频率 3 Hz～5Hz。

5.2.3 减振轨枕应符合下列规定：

1 减振轨枕一般仅限于在列车运行速度≤160 km/h 的地段应用；在速度>160 km/h 的地段应用，应取得同类工程条件下的成功运营案例作为验证，并经专项技术审查通过。

2 弹性短枕及弹性长枕应仅限于车站范围内铺设。

3 减振轨枕的减振弹性层应根据工程条件及运营工况进行受力及变形检算，在正常工作状态下任何构造部位均不得出现应力集中，且列车动态荷载作用下的整体及局部应力及变形率均应满足疲劳寿命期望要求。

4 减振轨枕的主体结构及其弹性层应根据试验条件进行单体或整体组装 400 万次循环加载疲劳试验，疲劳试验后不得出现破坏，疲劳试验前后的弹性层静刚度变化率不得超过 10%。疲劳试验荷载由设计单位根据具体项目的设计方案以及试验加载装置等条件加以计算确定。

5.2.4 减振道床应符合下列规定：

1 减振道床一般仅限于在列车运行速度≤160 km/h 的地段应用；在速度>160 km/h 的地段应用，应取得同类工程条件下的成功运营案例作为验证。

2 减振垫浮置道床不应在不均匀沉降或易产生积水病害的地段应用；弹簧浮置道床应用于不均匀沉降或易产生积水病害的地段时，设计方案应充分考虑简化施工、方便检查、维修及更换的技术措施。

3 减振垫及弹簧隔振器应根据工程条件及运营工况进行受力及变形检算，在正常工作状态下任何构造部位均不得出现应力集中，且动态荷载作用下的整体及局部应力及变形率均应满足疲劳寿命期望要求。

4 点式支承的隔振元件沿线路方向的设置间距，一般宜为 2 倍扣件间距；采用 3 倍扣件间距时，不应连续设置。

5 钢弹簧隔振器采用的圆柱螺旋弹簧应按现行国家标准

《圆柱螺旋弹簧设计计算》GB/T 23935 进行设计计算，弹簧线径不应小于44 mm，且应有可靠的断簧保护构造设计。

6 浮置道床的金属部件应采取可靠的表面处理，确保满足设计使用寿命要求。

7 减振垫、弹簧隔振器及浮置道床应根据试验条件进行单体或整体组装 500 万次循环加载疲劳试验，疲劳试验后不得出现破坏，钢弹簧隔振器内阻尼液不得外溢，疲劳试验前后的减振垫或弹簧隔振器的静刚度变化率不得超过 10%，弹簧隔振器阻尼仍在设计范围内。疲劳试验荷载由设计单位根据具体项目的设计方案以及试验加载装置等条件加以计算确定。

5.2.5 结构设计应符合下列规定：

1 减振轨道结构应尽量简单可靠，对施工控制的依赖性小，接口协调，方便检查运营期间检查，维修与更换。

2 梯形轨枕及弹性长枕应采用预制预应力混凝土结构，浮置道床宜优先考虑预制结构，同时应根据工程条件、结构强度及耐久性要求合理设计结构型式及配筋方案。

3 浮置道床需采用现浇结构时，应采用有枕式设计。

4 相邻浮置道床之间应设置可靠的剪力传递装置，剪力传递装置应方便检查、维修及更换。

5 现浇浮置道床的混凝土强度等级宜适当高于普通无砟轨道，现浇浮置道床的钢筋及板下基础的钢筋与混凝土宜尽量采用与普通无砟轨道一致的规格及标准。

6 轨道减振措施宜尽量采用与相邻普通轨道地段一致的扣件；减振扣件宜适应普通无砟轨道扣件的安装条件，并宜采用与普通无砟轨道扣件一致的弹条、道钉等零部件，且根据系统结构特点及相关技术参数的变化，适当提高其设计技术标准。

5.2.6 减振轨道过渡段应符合下列规定：

1 减振轨道与普通轨道之间及不同减振等级的减振轨道之间均应设置过渡段。

2 过渡段长度应按下式计算，且不应小于 1 节车长；位于曲线范围内的减振轨道过渡段长度应根据线路条件适当延长。

$$L=0.14\times v \tag{5.2.6}$$

式中：L——过渡长度(m)；

v——列车运行速度(km/h)。

3 过渡段内的轨道垂向刚度级差应不少于二级，应使过渡段前后两种轨道类型的钢轨垂向动态位移均匀渐变过渡且钢轨竖向转角不大于 2‰。

4 过渡段端部前后 5 m 范围内不宜设置钢轨现场焊接接头及绝缘接头。

5 过渡段轨道结构设计应充分考虑轨道结构高度及排水沟的过渡设计。

5.2.7 其他接口技术要求应符合下列规定：

1 减振轨道设计应充分考虑与区间隧道、桥梁、路基及车站结构等轨下基础的高度、宽度、承载能力、变形、沉降、结构分段长度、预留预埋及构造等的协调一致性。

2 减振轨道排水应与隧道、桥梁及路基排水系统统筹考虑。

3 减振轨道结构的轨道中心顶面需用作疏散及人员行走通道时，应保证行走范围的连续性及平整性，不应设置凸出构造物；若有纵横向沟槽，应设盖板。

4 减振轨道结构设计应统筹考虑轨道电路、轨旁设备及过轨管线的安装空间及技术要求。

5.3 桥梁结构减振

5.3.1 桥梁结构型式和材料的选择应有利于减振、降噪。

5.3.2 桥梁上部结构宜采用混凝土结构。除大跨度需要外，不宜采用钢结构。

5.3.3 常用跨度简支梁宜采用箱型结构。

5.3.4 噪声敏感地区宜通过优化箱梁的箱室布置，增设隔板等措施降低结构振动引起的噪声。

5.3.5 桥梁可通过采用减振支座、铺设轻质吸声桥面、安装动力吸振器等措施降低结构噪声。

5.3.6 桥梁应根据环境影响报告及批复要求设置声屏障及预留远期设置声屏障的条件。

6 施　工

6.1 一般规定

6.1.1 噪声控制施工应符合下列规定：

1 声屏障单元板安装前，应根据本标准及现行行业标准《铁路声屏障声学构件》TB/T 3122 和《铁路声屏障工程设计规范》TB 10505 的有关规定和要求，进行构件的应力、应变等力学测试和声学性能测试。

2 采用的原材料及成品应提供相关测试报告、出厂检验报告和产品合格证。安装前，应对材料质量进行检验，检验方法应符合现行行业标准《铁路声屏障工程施工质量验收标准》TB 10428 的规定。

3 钢材抽样复验、焊接材料检查验收、钢结构的制作应按现行国家标准《钢结构工程施工质量验收标准》GB 50205、《钢结构工程施工规范》GB 50755 和现行行业标准《铁路声屏障工程设计规范》TB 10505 的规定执行。

4 钢结构所采用的钢材、辅材、连接件和涂装材料应具有质量证明书，并应符合设计文件和国家现行有关标准的规定。

5 钢构件在制作前，应根据设计文件、施工详图的要求和制作单位的技术条件编制加工工艺文件，制定合理的工艺流程和建立质量保证体系。

6 声屏障施工必须符合高空作业安全规范的要求。

7 施工安装应考虑与其他相关专业及工程的接口和工序要求。声屏障宜先于接触网、电缆槽、综合接地等专业和工序安装。

8 声屏障施工前应编制施工组织设计，并应包含环境影响的减缓措施和交通疏导措施。

6.1.2 振动控制施工应符合下列规定：

1 所有材料的质量应符合相关标准及设计要求。主要材料、构配件和设备，施工单位应对其外观、规格、型号和质量文件进行验收，并经监理工程师检查认可。凡涉及结构安全和使用功能的材料，施工单位应对其进行检验，监理单位按规定进行平行检验或见证取样检验。

2 各工序之间应进行交接检验，上道工序应满足下道工序的施工条件和技术要求。相关专业工序之间的交接检验应经监理工程师认可，未经检查或检查不合格的，不得进入下道工序施工。

3 轨道几何形位、钢轨焊接、无缝线路等方面的要求，均应符合相应的设计技术要求及施工规范。

4 钢轨、扣件及其配件进场时，应对其类型、规格、外观进行验收，其质量应符合设计要求。

5 钢筋品种、级别、规格和数量应符合设计要求。

6.2 声屏障安装

6.2.1 声屏障安装的基本要求应符合下列规定：

1 声屏障立柱、屏体安装前，应做好以下复核、检验和测试工作：

1）混凝土基础轴线、高程；

2）预埋螺栓外露部分应满足设计要求，并不得有弯曲变形、螺牙损坏、锈蚀等现象；

3）预埋件与混凝土的连接牢固程度应满足设计要求；

4）复核预埋螺栓的各向间距尺寸，不合格的进行标注，调整后方可安装立柱；

5）应对立柱的外形尺寸、螺栓孔位置及直径、连接件位置、焊缝、摩擦面、防腐涂层等进行详细检查，对变形、缺陷应进行矫正、修复，合格后方可安装；

6）复核屏体尺寸。

2 立柱、屏体等构件在运输、安装过程中，应采取有效措施防止擦伤、损坏或变形。

3 声屏障立柱的安装应符合下列规定：

1）立柱安装时，现场进行的制孔、焊接、组装、涂装等工序应符合国家现行标准的有关规定；

2）立柱底板与混凝土表面接触应平整密实，有垫片的应注浆密闭；

3）当采用预埋螺栓安装时，其螺母的拧紧程度应按设计要求进行，并应进行防松处理。

4 锚栓安装时应进行现场质量监督，锚孔施工应避开混凝土受力主筋和管线，废孔应用化学锚固胶或高强度等级的树脂水泥砂浆填实。

5 锚栓安装完成后应按现行国家标准《混凝土结构加固设计规范》GB 50367 和现行行业标准《混凝土结构后锚固技术规程》JGJ 145 进行抗拉拔试验。

6 屏体应按设计要求设置防坠落钢丝绳，钢丝绳应与立柱可靠固定。

7 避雷装置应与声屏障可靠连接；采用螺栓连接的，应做好防松措施。避雷装置接地电阻值应小于 10 Ω。

6.2.2 声屏障安装精度应符合下列规定：

1 声屏障安装应控制精度，屏体与屏体之间、屏体与立柱之间、屏体与基础之间不能有明显的漏声缝隙。

2 立柱、屏体安装实测项目允许偏差应符合表 6.2.2－1 的规定。

表 6.2.2-1 立柱、屏体安装实测项目允许偏差

序号	检查项目	允许偏差	检查方法
1	立柱垂直度	H(柱高)/1 000	吊线及钢尺
2	立柱顶面高度	±10 mm	钢尺
3	立柱中心距	±10 mm	钢尺
4	屏体端部与立柱翼缘板搭接量	±3 mm	钢尺
5	立柱锚固螺栓螺母拧紧扭矩	±5%	扭矩扳手

3 采用锚栓安装时，锚孔施工质量及锚栓锚固深度应符合设计和产品要求，其允许偏差应符合表 6.2.2-2 的规定。

表 6.2.2-2 锚孔及锚栓锚固深度允许偏差

序号	检查项目		允许偏差	检查方法
1	锚孔	深度	0～+20 mm	钢尺
2		垂直度	0.5°	角尺
3		位置	2 mm	钢尺
4	锚栓锚固深度		0～+5 mm	钢尺

6.2.3 安装外观检查应符合下列规定：

1 立柱锚固螺栓、螺母和垫圈安装应齐全，螺杆外露螺纹长度应大于 3 个螺距。

2 立柱底板与预埋件的焊接质量应符合设计要求。

3 屏体间橡胶密封条粘接牢固，无外露。

4 屏体表面涂(镀)层应完好、无擦伤，涂(镀)层应无明显色差。

5 接地连接应连续贯通，按设计要求进行分断，在结构变形缝处预留伸缩余量。

6.3 减振扣件安装

6.3.1 减振扣件进场时应根据设计文件要求，进行型式检验和出厂检验。

6.3.2 减振扣件型式尺寸及允许偏差应符合设计图纸和技术条件的要求。

6.3.3 减振扣件应采用专用工具按产品说明书要求进行安装和拆卸，减振扣件无砟道床浇筑后几何形位应符合设计文件要求。

6.4 梯形轨枕安装

6.4.1 梯形轨枕进场时，应对其型号、外观、数量进行验收。减振垫层及缓冲垫层应粘贴牢固、无缺失，连接杆件表面保护层应完好，外贴辅助材料应完整。

6.4.2 台座混凝土浇筑前，梯形轨枕外贴辅助材料应齐全，粘贴应牢固。

6.4.3 浇筑基座混凝土前，应逐步调整钢轨及梯形轨枕，使其满足表 6.4.3 的规定。

表 6.4.3 混凝土浇筑前轨排铺设允许偏差

检查项目	允许偏差
轨距	−1 mm～+2 mm，变化率不应大于 1‰
水平	2 mm
轨向	直线不应大于 2 mm/10 m
高低	直线不应大于 2 mm/10 m
中线	5 mm
高程	±5 mm
轨底坡	1/35～1/25(设计文件为 1/30 时)，1/45～1/35(设计文件为 1/40 时)

6.4.4 道床混凝土的强度应符合设计文件要求。混凝土应采用预拌混凝土，混凝土的施工检验应符合现行国家标准《混凝土结构工程施工质量验收规范》GB 50204 的规定。

6.4.5 梯形轨枕道床与其他类型道床连接的过渡段应符合设计文件的要求。

6.4.6 梯形轨枕纵向间距允许偏差应为±10 mm。

6.4.7 台座与梯形轨枕减振部件应密贴。台座表面与梯形轨枕间的隔离空隙不应小于 10 mm。

6.4.8 扣件螺栓、垫板同轨枕连接螺栓的扭矩应符合设计文件要求。

6.4.9 钢筋的加工、安装、连接应符合现行国家标准《混凝土结构工程施工质量验收规范》GB 50204 的规定。钢筋安装位置应符合设计文件要求，允许偏差应符合表 6.4.9 的规定。

表 6.4.9 钢筋安装允许位置偏差

项目		允许偏差(mm)
钢筋间距		±20
钢筋保护层厚度	设计文件要求≥30 mm 时	0～+10
	设计文件要求<30 mm 时	0～+5

6.4.10 基底钢筋安装时，钢筋网的焊接、端子引出应符合设计文件要求。

6.4.11 基底伸缩缝宜设于两梯形轨枕之间，距梯形轨枕边缘不应小于 100 mm。

6.4.12 基底模板安装允许偏差应符合表 6.4.12 的规定。

表 6.4.12 基底模板安装允许偏差

项目		允许偏差(mm)	备注
地下线	水沟位置	±10	以临近钢轨中心线为基准
	水沟宽度	±5	—
非地下线	宽度	±5	以钢轨中心线为基准，单侧允许偏差
	长度(沿线路方向)	±5	—
	模板平整度	2	用 1 m 靠尺检查

6.4.13 基座及基底混凝土结构应密实，表面应平整、颜色均匀，不应有裂缝、露筋、蜂窝、麻面、空洞、疏松和缺棱角等缺陷。

6.4.14 竖曲线、缓和曲线、圆曲线前后的超高顺接段，扣件的调整应符合设计文件要求。

6.4.15 曲线地段的正矢应通过扣件及轨枕平移调整，钢轨的偏移量应符合设计文件要求。

6.5 减振垫安装

6.5.1 减振垫进场时，应对其规格、型号、外观进行验收，其质量应符合设计文件要求。

6.5.2 减振垫道床限位凸台(凹槽)应符合设计文件要求。

6.5.3 减振垫铺设应平整、边角平直，无翘起、空鼓、皱折，搭接应牢固、密封。

6.5.4 减振垫道床与其他类型道床的过渡段应符合设计文件要求。

6.5.5 减振垫道床基底标高允许偏差为－5 mm～＋10 mm，平整度允许偏差为5 mm(1 m靠尺)，限位凸台(凹槽)允许偏差为±5 mm。

6.5.6 限位凸台(凹槽)隔离层应符合设计文件要求，密封严实。

6.5.7 相邻减振垫的间隙及减振垫道床两侧密封应符合设计文件要求。

6.5.8 铺设减振垫之前，基底表面应清理干净。

6.5.9 减振垫铺设完毕后，不得有金属件及杂物穿透减振垫。

6.5.10 轨枕、钢筋、模板、混凝土同梯形轨枕相关规定。

6.6 钢弹簧浮置板安装

6.6.1 隔振器进场时，应对其规格、型号、外观进行验收，其质量应符合设计文件要求及产品标准规定。

6.6.2 隔振器上应设置明显标志，标示厂家、生产日期、产品型号、批号、主要技术参数等信息。应能根据标志追溯原材料信息，实现部件的全寿命周期管理。

6.6.3 隔振器外筒外观应表面平滑、色度均匀，附着力良好。防腐标准不应低于热浸镀锌，镀锌层平均厚度不应小于 80 μm，不得有漏镀、起皮、脱落等现象。

6.6.4 铺设浮置板前，应测设正式基标，正式基标设于浮置板外侧，其数量及测设精度应满足浮置板顶升的标高控制及调整轨道几何尺寸的要求。施工过程中应注意正式基标的保护，并随工程移交养护维修单位。

6.6.5 浮置板道床基底断面、标高、平整度应符合设计规定。标高误差要求为 0～－5 mm，平整度要求为±2 mm/m^2。

6.6.6 基底伸缩缝的间隔与设置方式应符合设计要求，且应避开隔振器位置。

6.6.7 梁面防水保护层表面应按设计要求设置排水坡，确保水能顺畅的汇入梁面泄水孔；隔振器基底嵌套于桥面防水层内，高度不得低于梁面防水保护层。

6.6.8 预制板应工厂化生产，其质量要求、检验规则、标识、存放、运输、装卸等应符合相关制造和验收条件的规定，出厂时工厂应提供轨道板制造质量证明文件及其他相关制造技术资料。

6.6.9 预制板四周边角应无破损和掉块，板体无可见裂纹，质量应符合设计要求。

6.6.10 预制浮置板应采用专用设备、仪器、机具等进行铺设和精确调整，预制浮置板位置偏差应符合表 6.6.10 的规定。

表 6.6.10 预制浮置板允许位置偏差

序号	检查项目	允许偏差(mm)	备注
1	高程	±2	
2	中线	±2	
3	相邻预制轨道板接缝处承轨台顶面相对高差	±1	不允许连续 3 块以上轨道板出现同向偏差
4	相邻预制轨道板接缝处承轨台顶面横向相对位置	±1	
5	相邻预制轨道板接缝处承轨台顶面纵向相对位置	±1	

6.6.11 现浇浮置板当使用钢筋笼轨排法进行浮置板施工时，钢筋笼中心与线路中心线偏差不应超过 10 mm。

6.6.12 浮置板的各部尺寸检查项目及容许值应符合设计要求。

6.6.13 隔离层材料性能应满足设计要求，隔离层应铺贴平整，无破损，接缝处搭接应严密不漏浆，两侧应高出设计道床面 20 cm，并应固定在结构边墙上。

6.6.14 隔振器套筒应按设计文件要求的位置进行定位测量，隔振器套筒位置允许偏差应为±5 mm，放置隔振器套筒的位置表面应平整，允许偏差应为±2 mm/m^2。

6.6.15 浮置板安装弹簧时，应检查是否漏浆，并应将隔振器套筒内清理干净。浮置板顶升作业前，应将浮置板道床及端模清理干净，道床面周边的缝隙及预留孔洞应进行密封。

6.6.16 浮置板顶升高度应符合设计文件要求。

6.6.17 隔振器内调平垫片层数不宜超过 3 层。

6.6.18 浮置板精调时，应结合基底平整度调整各隔振器顶升高度，保证隔振器受力和初始变形均匀，不得出现隔振器掉空和超压情况。

6.6.19 隔振器顶面盖板与钢轨之间应绝缘，浮置板板缝和板侧应设置密封条，密封条应选用阻燃材料，防火等级不低于 B1 级；高架线路的板侧防尘装置应保证浮置板底部的水顺利排出。

6.6.20 钢弹簧浮置板道床与其他类型道床连接的过渡段应符合设计文件要求。

6.6.21 轨枕、钢筋、模板、轨枕间距同梯形轨枕相关规定。

7 验 收

7.1 一般规定

7.1.1 环境噪声与振动控制工程应按照《建设项目(工程)竣工验收办法》、相应专业验收规范和有关规定组织评定。施工质量应符合设计文件要求。

7.1.2 环境噪声与振动控制工程实施前,应对其基础工程按要求验收;隐蔽工程应在施工过程中进行阶段验收。

7.1.3 新建、改建、扩建的市域铁路项目环境噪声与振动控制工程的减振降噪性能应在联调联试阶段验收,减振降噪性能应满足设计文件要求。

7.1.4 环境噪声与振动控制工程投运前,应委托具有 CMA 资质的检测单位开展减振降噪性能测试。

7.2 噪声控制工程

7.2.1 声屏障施工质量验收应符合下列规定:

1 应满足现行行业标准《铁路声屏障工程施工质量验收标准》TB 10428 的规定,保证声屏障基础、立柱、屏体、连接件等施工质量满足设计要求。

2 声屏障的设置位置、长度、高度、形式等应满足设计文件要求。

3 声屏障计权隔声量、吸声系数、抗风压性能等技术性能符合本标准第 4.2.7 条和 4.2.8 条的要求,则技术性能验收合格。

4 声屏障插入损失符合设计目标值,降噪效果验收合格。

5 声屏障声学构件的技术性能测试方法应参照现行行业标

准《铁路声屏障声学构件》TB/T 3122 的相关规定。声屏障降噪性能的测试方法应参照现行行业标准《声屏障声学设计和测量规范》HJ/T 90 的相关规定。

6 声屏障工程验收应提交的文件，包括：

1）现行国家标准《钢结构工程施工质量验收标准》GB 50205、《建筑安装工程施工质量验收统一标准》GB 50300 中规定的文件，现行行业标准《铁路声屏障工程施工质量验收标准》TB 10428 中规定的检查记录；

2）声屏障实验室隔声性能测试报告，吸声型声屏障还应提供混响室吸声性能测试报告；

3）声屏障插入损失现场测试报告，包括声屏障现场测量的环境条件、气象条件、车流条件以及测点位置图。

7.2.2 隔声窗施工质量验收应符合下列规定：

1 应满足现行国家标准《建筑装饰装修工程质量验收标准》GB 50210 的规定。

2 隔声窗的安装位置、面积、形式等应满足设计文件要求。

3 隔声窗敏感建筑物室内噪声级、隔声性能评价量(R_w+C_{tr})均满足现行国家标准《民用建筑隔声设计规范》GB 50118限值要求，验收合格。

4 隔声窗工程的降噪性能、隔声性能的测试方法应参照现行国家标准《民用建筑隔声设计规范》GB 50118 和《建筑门窗空气声隔声性能分级及检测方法》GB/T 8485 的相关规定。

对安装同一规格型号的隔声窗的房间，当其室内噪声级或施工质量存在 1 间及以上检测不合格时，应委托检测单位对不合格的隔声窗进行扩大 1 倍的数量抽查，对不符合要求的参数应查找原因并整改，整改完成后重新检测，合格后方可通过验收。

5 隔声窗工程验收应提交的文件，包括：

1）现行国家标准《建筑安装工程施工质量验收统一标准》

GB 50300、《建筑装饰装修工程质量验收标准》GB 50210 中规定的相关文件；

2）隔声窗隔声指数实验室检测报告；

3）敏感建筑物室外噪声级测试报告；

4）隔声窗安装完成后，敏感建筑物室内噪声级满足现行国家标准《民用建筑隔声设计规范》GB 50118 限值的检测报告。

7.3 振动控制工程

7.3.1 减振设施外观质量和施工质量应符合设计文件要求及产品标准规定。

1 减振扣件质量的检验应符合本标准第 6.3 节的规定。

2 减振轨枕质量的检验应符合本标准第 6.4 节的规定。

3 减振道床质量的检验应符合本标准第 6.6 节的规定。

7.3.2 减振设施工程（减振扣件、减振轨枕、减振道床等）的位置、长度（含过渡段）、形式等应满足设计文件要求。

7.3.3 减振设施工程减振性能的测试方法及验收要求应在合同中进行约定。减振性能应满足设计文件要求。

7.3.4 隔振效果评价，应采用隔振与非隔振状态下相同基础参考点或类比参考点之间的差值；具体检测方法，应是比较采取隔振措施前与采取隔振措施后的相同基础参考点（或类比参考点）之间的振动差值。隔振量符合设计目标值，隔振的效果验收合格。

7.3.5 二次结构噪声防治措施工程应满足设计文件要求，降噪效果及监测方法应满足现行行业标准《城市轨道交通引起建筑物振动与二次辐射噪声限值及其测量方法标准》JGJ/T 170 或现行上海市地方标准《城市轨道交通（地下段）列车运行引起的住宅室内振动与结构噪声限值及测量方法》DB31/T 470 的要求。

7.3.6 验收应提供以下文件：

1 减振效果实验室检测报告。

2 减振工程安装完成后现场实际减振效果检测报告(含验收测点的位置示意图)。

3 二次结构噪声效果监测报告。

8 运行与维护

8.1 一般规定

8.1.1 市域铁路主管单位应建立、健全环境噪声与振动控制工程运行与维护相关的各项管理制度，包括声屏障、减振扣件、减振轨枕、减振道床等，确保减振降噪措施性能良好。

8.1.2 市域铁路运维单位应制定减振降噪设施定期检查制度及日常检查、维修、更新改造及大修计划，同时应配备满足运行与维护所需的人员、检查检测仪器、专用养护维修工具及交通工具。

8.1.3 对相关维护、检查和检修应建立管理台账。

8.1.4 定期巡检时，发现环境噪声与振动控制工程失效或材料损坏等问题应及时更换，且应使用相应的环境噪声与振动控制措施或材料进行替换；对措施的更换和维修应符合相关规定，并存档备案。

8.2 声屏障

8.2.1 声屏障检查、维修应参照《高速铁路工务安全规则（试行）》等有关规定进行，确保行车和作业安全。

8.2.2 声屏障检查方式和频次应符合下列规定：

1 声屏障检查应采用徒步检查与添乘检查相结合的方式，运维单位应将声屏障检查纳入添乘人员的重点检查内容，进入声屏障内徒步检查声屏障应在天窗时间内进行。

2 遇暴雨等恶劣天气时，应对影响区段的声屏障进行重点检查。

3 声屏障的基础、立柱、屏体等应进行定期检查，检查重点和频次应符合表 8.2.2 的规定。

表 8.2.2　声屏障检查重点和频次

重点检查内容		检查方法及要求	检查频次
声屏障基础	(1) 基础完好情况，包括是否存在沉降、破损、掉块现象	目测	每季度 1 次
	(2) 底部重力式流动砂浆完好有效情况，包括是否开裂、破损、空洞、脱落、掉块	目测	每季度 1 次
	(3) 声屏障连接螺栓齐全有效情况，包括是否存在缺少、松动、锈蚀及失效等情况	力矩扳手、智能声屏障检修一体机、目测	每月 1 次
声屏障钢立柱	(4) 声屏障立柱是否歪斜、间距是否超标	拉线、掉线及钢尺、目测	每季度 1 次
	(5) 立柱连接处是否有积水	目测	雨季：每月 1 次；非雨季：每两月 1 次
	(6) 声屏障立柱和底板等金属件防腐蚀情况，包括防腐层外观、防腐性能(鼓泡、剥落、锈蚀)及腐蚀量检测	目测、超声波测厚仪	雨季：每月 1 次；非雨季：每两月 1 次
声屏障屏体	(7) 声屏障屏体插入 H 型钢立柱深度	钢板尺	每两月 1 次
	(8) 声屏障屏体是否变形、破损、开裂	目测、锤击	每两月 1 次
	(9) 声屏障屏体是否窜动、横向晃动	目测、晃动检查	每两月 1 次
其他	(10) 单管橡胶垫、橡胶条、解耦装置等橡胶制品以及铆钉等部件是否缺失、脱落	目测	每月 1 次
	(11) 梁缝处的声屏障伸缩变化	钢尺	每季度 1 次
	(12) T 型梁声屏障(焊接式)焊缝状态	目测、探伤检查	每季度 1 次
	(13) 安全通道门(作业门)状态	目测	每周 1 次
	(14) 综合接地线连接状态	目测、晃动检查、测量检查	每月 1 次
	(15) 吸声、隔声材料	结合声屏障使用年限、运营期降噪效果监测结果适时更换	每年 1 次

8.2.3 声屏障维修应符合下列规定：

1 按年度提报声屏障修理建议计划，经审批后，纳入月度施工计划。声屏障修理实施前，应制定作业方案，经审批后实施。

2 声屏障维修重点关注：

1）修补基础砂浆或底部重力式流动砂浆裂缝、破损、空洞等；

2）声屏障立柱、单元板等变形、破损、失效更换，立柱加固，单元板松动、插入深度调整；

3）螺栓补齐、除锈、涂油、复拧，高强度螺栓损坏或更换时，严禁使用普通等级螺栓替代；

4）T 型梁声屏障焊接部位及金属部件的除锈、防腐；

5）橡胶垫、橡胶条、解耦装置等橡胶制品整修或更换；

6）安全通道门（作业门）的修理。

3 市域铁路运维单位应在沿线各物质库存放一定数量的声屏障构件备品，以备维修或抢修时使用。建设单位应在新建市域铁路开通运营前配齐备品，并移交市域铁路运维单位。声屏障在保修期限内发生质量问题的，应按规定追究相关单位责任。

8.2.4 声屏障应急处置应符合下列规定：

1 各级检查人员发现声屏障立柱倾覆、屏体脱落等可能影响行车安全时，应立即通知市域铁路运维单位并果断采取措施，确保行车安全。

2 列车运行中，如司机发现声屏障立柱、屏体存在侵入限界等异常情况时，应立即停车或减速运行，并通知列车调度员（车站值班员），列车调度员通知市域铁路运维单位。

3 市域铁路运维单位应加强检查，发现声屏障设备安全隐患或接到声屏障脱落、歪斜等信息后，应立即安排人员赶赴现场查明情况并组织处理，必要时可申请上线检查处理，防止声屏障侵入铁路限界影响行车安全。

8.3 减振设施维护

8.3.1 减振设施维护应参照相应厂家的检修维护技术手册，分类制定减振设施维护规章制度。

8.3.2 减振设施检查应符合下列规定：

1 减振设施检查应采用目测和专用工具检查，检查应在天窗时间内进行。

2 记录检查的时间、问题、发生部位、发生数量、地段、线路平面及纵断面、下部基础类型及变形情况、位置、尺寸、程度；减振扣件、减振轨枕、减振道床系统各部件的状态等。

3 遇暴雨等恶劣天气时，应对影响区段的减振设施进行重点检查。

4 减振扣件、减振轨枕重点检查内容和频次应符合表 8.3.2－1 的规定。减振道床检查重点内容和频次应符合表 8.3.2－2 的规定。日常巡检项目的检查频次与普通线路相同。

表 8.3.2－1 减振扣件、减振轨枕检查重点内容和频次

重点检查内容		检查频次
扣件	检查扣件有无缺损	日常巡查
	螺栓有无成段松动	日常巡查
	铁垫板有无明显断裂	每季度 1 次
	重点地段查看胶垫有无缺损、成段串动	每季度 1 次
轨枕	查看轨枕或道床是否掉块掉角	日常巡查
	查看侧面限位支座松动或开裂	
	查看轨枕是否严重开裂、扣件套管失效	不定期检查，开通运营后 1 年内进行 1 次～2 次全面巡查，后续不少于 2 年检查 1 次
	查看支撑块有无松动、严重开裂及失效	
	减振垫或缓冲垫移位及变形	
	轨枕移动、错位、下沉或上翘	
排水沟	排水沟有无堵塞	日常巡查
	泄水口有无垃圾淤塞	日常巡查

表 8.3.2－2 减振道床检查重点内容和频次

重点检查内容		检查频次
轨道/浮置板	轨道表面是否开裂、损伤	日常巡检
	是否有垃圾杂物、积水	日常巡检
	周围缝隙密封设施是否完好	日常巡检
	道床板的高程变化程度	不定期检查，开通运营后1年内进行1次～2次全面巡查，后续不少于2年检查1次
	测量轨道轨距误差及变化率	
	测量轨道水平误差及三角坑	
	轨道的轨向、高低误差	
隔振器	外套筒裂纹	不定期检查，开通运营后1年内进行1次～2次全面巡查，后续不少于2年检查1次
	表面是否有明显锈蚀	
	沉降监测装置显示是否正常	
	各部件外观是否完好	
	各部件工作状态是否良好	
	各部件表面是否有明显锈蚀	
检查孔(筒)	检查孔(筒)是否有杂物、积水	每月1次
水沟	是否有明水	不定期检查，开通运营后1年内进行1次～2次全面巡查，后续不少于2年检查1次
	板底间是否有杂物、积水	
剪力铰	套筒或螺栓松动	日常巡查
	表面防护情况有无明显锈蚀	每月1次
密封条	是否有破损	日常巡查
基地结构	高程变化	不定期检查，开通运营后1年内进行1次～2次全面巡查，后续不少于2年检查1次
	是否有开裂	
	沉降	

8.3.3 减振设施维修应符合下列规定：

1 按年度提报减振措施修理建议计划，经审批后，纳入月度施工计划实施。减振措施修理作业前，应制定作业方案，经审批后实施。

2 减振扣件、减振轨枕检修重点：

1）扣件、垫板缺损更换同型号的扣件、垫板；

2）螺栓补齐、除锈、涂油、复拧；

3）轨枕、支撑块损毁、失效时，必要时加固、更换；

4）清除排水沟杂物、积水。

3 减振道床检修重点：

1）清除杂物、积水；

2）更换失效的隔振器、剪力铰、密封条；

3）查明浮置板出现损伤、异常裂缝的原因，必要时进行结构加固处理；

4）加固沉降地基，调整隔振器平面。

4 市域铁路运维单位应在沿线各物质库存放一定数量的减振措施构件备品，以备维修或抢修时使用。建设单位应在新建市域铁路开通运营前配齐备品，并移交市域铁路运维单位。减振措施在保修期限内发生质量问题的，应按规定追究相关单位责任。

本标准用词说明

1 为便于在执行本标准条文时区别对待，对要求严格程度不同的用词说明如下：

1) 表示很严格，非这样做不可的用词：

正面词采用“必须”；

反面词采用“严禁”。

2) 表示严格，在正常情况下均应这样做的用词：

正面词采用“应”；

反面词采用“不得”。

3) 表示允许稍有选择，在条件许可时首先应这样做的用词：

正面词采用“宜”；

反面词采用“不宜”。

4) 表示有选择，在一定条件可以这样做的用词，采用“可”。

2 条文中指明应按其他有关标准执行的写法为“应符合……的规定”或“应按……执行”。

上海市交通运输行业协会团体标准

上海市域铁路噪声与振动控制技术标准(试行)

T/SHJX 0015—2020

条 文 说 明

2022 上海

目　次

1 总 则

本标准适用于指导上海市域铁路(设计速度 100 km/h～200 km/h)建设项目环境噪声与振动控制工程的设计、施工、验收和运行维护。

通过本标准规范减振降噪工程的应用,发挥减振降噪控制措施的效用,减轻或避免市域铁路建设、运营对周边环境的噪声与振动污染。

2 术语和符号

本标准给出了市域铁路噪声振动控制工程的专业术语，但并不一定是其严密的定义。所给出的英文译名是参考国内外某些标准拟定的，亦不一定是国标上的标准术语。

3 基本规定

3.0.1 市域铁路选线、选址应满足城市规划、空间布局、交通出行、周边居民的正常生活需要，优先选择合理增加防控距离以降低噪声、振动影响，满足经济技术可行、安全合理的基本原则。

3.0.2 市域铁路噪声与振动应首先从污染源的排放进行控制，主要包括：采用运行产生噪声与振动较小的车辆；采用重型无缝钢轨；采用共振频率避开车辆轮轨振动频率的桥梁结构；隧道结构的形式应有利于降低振动的传播；轨道结构型式应避免产生钢轨异常波磨或侧磨等。

3.0.5 安全是市域铁路运营首要前提，减振降噪措施的使用需保证市域铁路安全运营。

3.0.6 噪声与振动的控制，应结合市域铁路近期的运营计划和预测的客流量进行设计，减振降噪措施既满足眼前的环保要求，又要满足长期的规划要求。

3.0.7 噪声与振动控制新技术、新工艺、新产品、新材料，应满足线路运营安全、设计年限、维修养护便利、减振降噪效果持久等要求。

3.0.8 噪声与振动控制应满足“三同时”的原则。

4 噪声控制工程设计

4.1 一般规定

4.1.1 当受市域铁路噪声影响的敏感建筑物环境噪声超过国家标准规定限值时，应对市域铁路或敏感建筑物采取噪声控制措施。

4.1.2 按照生态环境部《地面交通干线噪声控制技术政策》(环发〔2010〕7 号)，地铁噪声控制应优先从源头上降噪，其次是传播途径降噪，最后是接收点的保护。当采取源头及传播途径降噪无法满足现行国家标准《声环境质量标准》GB 3096 要求时，应使敏感建筑物室内声环境质量满足现行国家标准《民用建筑隔声设计规范》GB 50118 的要求。

4.1.3 噪声控制措施应优先使敏感建筑物处的噪声满足现行国家标准《声环境质量标准》GB 3096 限值要求；当敏感建筑物所处声环境已超过《声环境质量标准》GB 3096 要求时，应控制市域铁路噪声使敏感建筑处的声环境不致明显恶化。

4.2 声屏障工程设计

4.2.1 市域铁路声屏障设置位置应靠近线路，以有效遮挡轮轨噪声等噪声源，并应符合市域铁路限界要求，保障行车安全。

4.2.2 市域铁路声屏障的设置位置、长度、高度、形式等要求，应以批复的环境影响报告为准；环评未作规定时，声屏障设计高度、长度、形式应符合现行行业标准《声屏障设计规范》HJ/T 90 等的要求，经声学计算确定。

4.2.3 对于声屏障的形式，建议避免设置高度高于 5 m 的直立式声屏障。可按照声屏障等效高度的原理，将声屏障设置为折弯式或弧形。当线路两侧有高层敏感建筑物时，直立式和折弯式声屏障的防护效果不足，可根据地铁线路的运营安全及措施的经济技术可行性，设置半封闭或全封闭式声屏障。

4.2.4 在声屏障设计中，其长度的确定与声屏障的降噪效果有直接关系。本标准中声屏障附加长度计算公式参考《联邦德国环境保护手册》提出，工程设计时应根据工程及受声点的实际情况进一步核算，附加长度一侧不少于 50 m。

4.2.5～4.2.12 我国对于声屏障的相关标准较多，有《声屏障声学设计和测量规范》HJ/T 90、《铁路声屏障声学构件》TB/T 3122 和《声屏障结构技术标准》GB/T 51335 等。对于本标准中声屏障的设计年限、安全性能、防腐性能、防火性能等要求，主要以国家现行标准为准。

4.2.10 声屏障基础、立柱、屏体结构、附件等所用的材料应符合现行国家标准《声屏障结构技术标准》GB/T 51335 的相关要求。建议上海市域铁路声屏障板材宜采用铝合金金属板材，通透板材宜采用加筋亚克力。

4.3 隔声窗工程设计

4.3.1 隔声窗设计隔声量的确定方法参考现行上海市工程建设规范《民用建筑外窗应用技术规程》DG/TJ 08—2242 中的规定执行，且其 $R_{w}+C_{tr}$ 应结合声源降噪和传播途径降噪后的声环境质量和室内允许噪声级确定。

5 振动控制工程设计

5.1 一般规定

5.1.2 环境影响报告是减振地段、减振等级、减振措施确定的基础。环境影响报告主要预测评价现有敏感目标、已批复未建设敏感目标，对规划后建的敏感目标则不一定纳入评价范围。同时，环评报告编制工作可能开展的较早，推荐采用的轨道减振对安全可靠、稳定性、耐久性、可维修更换性及综合经济技术性也不一定考虑周全。因此，轨道振动控制工程设计应以环境影响报告要求为基础，并同时考虑经济技术可行性。当工程中出现与环评要求不相符时，应积极沟通解决，并依据环评设置原则，确定合理、可行的工程措施。

5.1.3 目前的减振措施主要还是在轨道系统中实现，而轨道直接承受轮轨动态冲击荷载作用，轨道又是一个无备份系统，故对安全性、可靠性、稳定性的要求很高。

轨道减振的原理包括降低支承刚度或(及)增加参振质量，两种方式不仅加大轨道的动态变形及自身振动水平，而且使轨道系统的零部件更多，系统更复杂，施工及维护更困难。根据这些年以来城市轨道交通建设及运营的经验教训，轨道减振地段往往更容易出现轮轨异常磨耗、设备损坏、道床积水等病害，对轨道系统的安全性和稳定性造成不良影响，也增加了轮轨系统养护维修工作量。因此，轨道减振措施选型应充分适应铺设地段的工程条件，并方便检查维修及更换，确保长年运营期间的良好状态及可靠性。

根据上海地铁多年的建设及运营经验，对轨道系统潜在危害最大的工程条件就是软弱地质引起不均匀沉降及渗漏水病害，这些病害对减振轨道的影响比普通轨道更大，故轨道减振措施选型应予以充分考虑。

此外，轨道减振措施选型时，如果对技术经济性的分析仅局限于减振措施本身，缺乏对线路、隧道、桥梁、车站等全线其他专业影响的定量分析，对施工及运营维保方面影响的考虑也较少，则最终选择的措施往往缺乏科学合理性，导致问题和隐患产生。市域铁路速度较快，技术标准较高，故需对这方面加以特别的重视和关注。

5.1.4 减振轨道降低了支承刚度后，会带来轨道动态变形、振动及磨耗增加等一系列问题；而减振轨道的阻尼过小，又会使问题进一步加剧。因此，减振轨道的刚度及阻尼参数选择时，应将其对轨道动态变形、振动及磨耗的影响控制在一定范围内，避免产生异常放大的现象。

5.1.5 轨道减振措施的主体结构主要是指不便更换的减振轨枕及减振道床结构，其设计使用年限不应低于普通无砟轨道。

减振轨道的弹性层或隔振元件应方便检查、维修和更换，对于可检查更换的弹性层或隔振元件，设计使用年限按不低于25年控制即可。

只有在可更换减振措施无法满足相关工程条件及技术要求等特殊情况下，才考虑选用检查更换困难或无法检查更换的减振措施，此时要求其设计使用年限不低于主体结构。

5.1.6 对振动敏感的精密仪器设备及文物保护单位的振动控制指标及限值有别于现行国家标准《城市区域环境振动标准》GB 10070，缺乏现成的预测公式及足够的经验数据。实际工程设计中若有这方面的减振需求，应以专题研究的方式来解决。

5.2 轨道减振工程设计

5.2.1 系统设计

1 减振轨道结构等级划分参考了城市轨道交通相关经验，并结合已取得的市域铁路相关测试数据和经验加以确定。市域铁路线路条件较好，隧道及桥梁结构体量较大，振动源强比城市轨道交通要小，预计超标量也比城市轨道交通小。

3 市域铁路的列车行车速度较高，轨道类型变化不应过于频繁，故要求同一种轨道的铺设长度不应小于1倍列车长度。

4 桥梁二次结构噪声的频段主要位于40 Hz～200 Hz，低频噪声的绕射能力相对较强，故高架线沿线若存在噪声敏感点需设置减振轨道来降低桥梁二次结构噪声。除上下行线的线间距较大，以至于传递到噪声敏感点有较大的差异这种情况之外，一般情况下远轨线路与近轨线路的梁体二次结构噪声的影响会比较接近，故即使敏感点仅位于桥梁一侧，减振轨道有必要按双线设置。

5 不同减振轨道所需的轨道结构高度有所不同，具体设计中应根据具体的隧道桥梁及车站结构条件加以合理选择。

6 减振轨道比普通轨道的结构复杂，若支承刚度过低，变形过大，长期运营过程中更容易出现病害。因此，市域铁路减振轨道的轨道变形有必要根据速度等级及减振轨道类型的不同设置一定的限值。

钢轨垂/横向动态位移限值中，列车运行速度＜120 km/h 情况下的限值综合参考了现行行业标准《浮置板轨道技术规范》CJJ/T 191 及现行北京市地方标准《城市轨道交通工程动态验收技术规范》DB11/T 1714 中的规定及城市轨道交通中 100 km/h～120 km/h 快线的运营经验。

列车运行速度≥120 km/h 情况下的限值参考了现行行业标

准《高速铁路工程动态验收技术规范》TB 10761 中的规定并经过仿真分析后确定。

5.2.2 减振扣件

1 城市轨道交通经验及相关研究成果表明，减振扣件易导致钢轨振动加速度放大，产生磨耗异常。因此，对于速度较高或曲线半径较小的地段，在未取得同类工程条件下的成功运营案例作为验证的情况下，应谨慎考虑减振扣件的应用范围。

3 根据城市轨道交通多年的运营经验，压缩型减振扣件的稳定性更好，且其在高度、钉孔规格及尺寸方面与普通轨道扣件更接近；分体式减振扣件零部件多，互相之间通过嵌套而组装，整体性及长期使用的可靠性不如硫化粘接一体式减振扣件，故宜优先选用硫化粘接一体式压缩型减振扣件。

4 研究表明，扣件阻尼对于钢轨的振动特性及动态变形有一定的影响，故减振扣件动静比不宜过小，且轨下弹性垫板需采用硬度适中、具有一定阻尼特性的优质橡胶类材质，不应采用阻尼较小的塑料、尼龙或热塑性弹性体材质。

5 由列车通过时的动态荷载使减振扣件的弹性层产生的动态应力及变形率应满足耐久性要求。综合参考秦大同、谢里阳主编的《机械设计手册》(化学工业出版社，2011 年)中第 10 篇橡胶弹簧的许用应力及许用应变和第 26 篇橡胶隔振器的许用应力及许用变形，见表 1；龚积球、龚震震、赵熙雍编著的《橡胶件的工程设计及应用》(上海交通大学出版社，2003 年)中橡胶件的许用应力及变形，见表 2；户原春彦[日]主编、单传文翻译的《防振橡胶及其应用》(中国铁道出版社，1982 年)中防振橡胶疲劳寿命时的要求，见表 3。减振扣件弹性层的动态压缩应力不应超过 2 MPa，动态剪切应力不应超过 0.8 MPa，动态压缩变形率不应超过 5%，动态剪切变形率不应超过 10%。

表 1　橡胶弹簧的许用应力及许用应变

<table>
<tr><td rowspan="6">许用应力
及
许用应变</td><td rowspan="2">变形型式</td><td colspan="2">许用应力 σ(MPa)</td><td colspan="2">许用应变 ε(%)</td></tr>
<tr><td>静载荷</td><td>变载荷</td><td>静载荷</td><td>变载荷</td></tr>
<tr><td>压缩</td><td>3</td><td>1</td><td>15</td><td>5</td></tr>
<tr><td>剪切</td><td>1.5</td><td>0.4</td><td>25</td><td>8</td></tr>
<tr><td>扭转</td><td>2</td><td>0.7</td><td>—</td><td>—</td></tr>
<tr><td colspan="5">橡胶弹簧的疲劳破坏主要是由产生与拉应力集中处的裂纹、发生于橡胶与金属粘结处的剥离以及产生于压缩侧的褶皱等逐步造成的。因此,设计时应尽量避免橡胶元件产生应力集中,并使表面的变形比较均匀</td></tr>
</table>

表 2　橡胶隔振器的许用应力及许用应变

<table>
<tr><td rowspan="6">许用应力</td><td rowspan="2">受力类型</td><td colspan="3">许用应力(×10⁵ N/m²)</td></tr>
<tr><td>静态</td><td>动态</td><td>冲击</td></tr>
<tr><td>拉伸</td><td>10～20</td><td>5～10</td><td>10～15</td></tr>
<tr><td>压缩</td><td>30～50</td><td>10～15</td><td>25～50</td></tr>
<tr><td>剪切</td><td>10～20</td><td>3～5</td><td>10～20</td></tr>
<tr><td>扭转</td><td>20</td><td>3～10</td><td>20</td></tr>
<tr><td>最大许用变形</td><td colspan="4">静态载荷下:压缩变形≤15%,剪切变形≤25%
动态载荷下:压缩变形≤5%,剪切变形≤8%</td></tr>
</table>

表 3　橡胶隔振器的许用应力

项目	静载荷 (N/mm^2)	短时间冲击载荷 (N/mm^2)	持续动载荷 (N/mm^2)
拉伸	0.4～1.5	0.4～1.0	0.2～0.4
压缩	2～5	1.5～5	1～1.5
平行剪切	1～2	1～2	0.3～0.5
旋转剪切	2	2	0.3～1.0
扭转剪切	2	2	0.3～0.5

表 4　防振橡胶疲劳寿命时的标准(表观变形)

项目	期望寿命为 10^7 次时	期望寿命为 10^8 次时	项目	期望寿命为 10^7 次时	期望寿命为 10^8 次时
拉伸	15%以下	10%以下	剪切	25%以下	10%以下
压缩	15%以下	10%以下	扭曲	35%以下	20%以下

5.2.3　减振轨枕

1　根据我国城市轨道交通的应用经验，弹性短枕及弹性长枕的轨枕块与套靴的公差配合及组装精度很难控制，不易保持良好的轨道状态，此外套靴内若存在积水，难以排出，故不宜用于高架露天区间及隧道区间；若有应用的需要，仅限于在速度较低的车站范围内铺设。

梯形轨枕在城市轨道交通及上海地铁中已有成熟广泛的应用，但目前已铺设应用或经过全面测试检验的最高速度为165 km/h，故在目前阶段，梯形轨枕也仅限于在列车运行速度≤160 km/h 的地段应用。

3　与减振扣件的弹性层要求类似，减振轨枕的弹性层应充分满足工程运营条件下的强度及变形要求，确保耐久性及可靠性。

5.2.4　减振道床

1　与减振扣件及减振轨枕相比，减振道床的减振效果更好，但系统组成及结构构造更复杂，对施工质量及运营维护的依赖性也更大，隧道/桥梁结构的沉降变形及隧道内的积水等对减振道床的影响也更大，故减振道床在市域铁路中的安全性及可靠性不仅与轨道垂/横向动态变形控制有关，还与减振轨道结构设计的合理性、施工质量及维护状态有关。因此，目前阶段，在上海地区缺乏同类工程条件下的成功运营案例及经验的情况下，减振道床也仅限于在列车运行速度≤160 km/h 的地段应用。

2　减振垫为满铺构造，且不具备检查、维修及更换条件，长期运营过程中，若下部基础出现不均匀沉降，沉降区域的减振垫将必然出现空吊及受力不均匀的情况，受力较大区域的减振垫将因过载而加速疲劳损坏，从而影响耐久性及可靠性。因此，减振垫浮置板的选用应充分考虑下部基础的稳定性条件。

弹簧浮置道床的隔振器具备检查更换的条件，对不均匀沉降的适应性稍好，但考虑到弹簧隔振器数量多，下部基础产生不均匀沉降后，检查更换工作量还是很大，故设计方案中需采取一定的技术措施作为弥补。

3 与减振扣件及减振轨枕的弹性层要求类似，减振道床的减振垫及弹簧隔振器应充分满足工程运营条件下的强度及变形要求，确保耐久性及可靠性。

4 考虑长期使用过程中的受力不均匀以及隔振元件失效等情况，点式支承的隔振元件沿线路方向的间距需合理设置。

5 根据城市轨道交通钢弹簧浮置道床的应用经验，在钢弹簧设计安全余量不足、浮置道床状态异常等情况下，钢弹簧存在断裂的情况。因此，钢弹簧的设计应严格遵守相关规范的要求，并采取限制最小线径、设置断簧保护等构造措施来保障其安全可靠性。

5.2.5 结构设计

2 根据城市轨道交通钢弹簧浮置道床的应用经验，浮置道床钢筋用量大，现场浇筑时架设、精调及浇筑捣固均比较困难，易留下病害，故浮置道床优先考虑预制结构。同时，预制浮置道床也推荐优先考虑耐久性及承载能力更好的预应力混凝土结构。

4 浮置道床支承刚度较低，列车通过时的动态变形较大，而浮置道床自身刚度大，使相邻板缝的动态变形差较大，故应设置可靠的剪力传递装置。

5 在保证浮置道床强度及耐久性的基础上，尽量简化钢筋与混凝土的规格种类，方便施工。

6 减振轨道的扣件、弹条、道钉等零部件尽量与普通轨道一致，有利于减少零部件种类、方便施工及运营维修管理，但减振轨道的结构构造、技术参数、轮轨作用力、动态变形又与普通轨道有所不同，故各零部件的使用受力状态也会有所区别，设计中应仔细分析其中的差异，根据需要优化薄弱零部件的使用状态或提高其技术标准。

5.2.6 减振过渡段长度计算公式，参考了现行行业标准《城际铁路设计规范》TB 10623 中的规定。

6 施　工

6.2 声屏障安装

6.2.1 基本要求

1 声屏障的预埋件或预留措施应在安装前进行一次检查，控制后期安装质量。

6 对屏体的防坠保护作出了规定。在高架等离地面较高区段设置的声屏障应设置防坠钢丝绳，对屏体进行保护。

6.2.2 声屏障安装精度

2 对声屏障安装尺寸精度作出了规定。以防止立柱的非正常受力，同时防止屏体因搭接量较少而脱出立柱。

6.2.3 安装外观检查

1 对螺栓安装外后漏的螺栓长度作出了规定。螺栓安装完成后长度不满足要求时，其受力和防松均存在隐患。

7 验　收

本标准关于噪声与振动控制工程验收的规定，应参考《铁路声屏障工程施工质量验收标准》TB 10428、《钢结构工程施工质量验收标准》GB 50205、《混凝土结构工程施工质量验收规范》GB 50204、《建筑安装工程施工质量验收统一标准》GB 50300、《浮置板轨道技术规范》CJJ/T 191 等国家、行业及地方现行相关标准，并应结合执行。

8　运行与维护

维护、检查周期应与市域铁路维护保障部门相关作业管理规定相结合。